Victor de Broglie

Considérations sur la liberté commerciale

essai

ISBN : 978-1517311018

10 9 8 7 6 5 4 3 2 1

Victor de Broglie

Considérations sur la liberté commerciale

essai

Parmi les nombreux écrits inédits de mon père (qu'il ne songeait pas à publier lui-même, et dont plusieurs effectivement ne pourraient être dès à présent livrés à la publicité) se trouvent divers traités relatifs à des questions d'économie politique. Quelques-uns ont un caractère purement scientifique et ne peuvent être tout à fait appréciés que par ceux qui s'adonnent à ce genre d'étude à un point de vue théorique et spéculatif. D'autres ont trait à des débats élevés dans les assemblées législatives dont mon père avait fait partie, et présentent ainsi un intérêt plus général. De ce nombre est l'examen de la discussion qui eut lieu en 1851, à l'assemblée nationale d'alors, sur la *liberté commerciale*. En relisant ces réflexions, au milieu des contestations qui sont engagées en ce moment si vivement autour de nous sur le même sujet, j'ai cru y reconnaître, non-seulement quelque nouveauté dans les aperçus, mais le mérite, plus inattendu pour un écrit d'une date déjà si ancienne, d'une certaine opportunité. Je pense donc qu'il n'est pas sans utilité de les soumettre au jugement des lecteurs.

Assurément tout a bien changé en matière économique, autant, et plus qu'en toute autre, depuis l'an de grâce 1851. Le régime protecteur était alors la base de toute notre législation commerciale. Un seul député osait proposer d'y introduire, et encore très timidement, quelques-uns des principes du libre-échange. Sa voix resta sans écho et fut même littéralement étouffée par une réplique vive et éloquente de M. Thiers. Le libre-échange n'ayant subi encore, du moins en France, aucune épreuve, M. Thiers fut à son aise pour traiter dédaigneusement le système d'utopie et son humble champion de rêveur. Depuis lors les rôles ont été complètement intervertis. Les traités de commerce de 1860 ont établi parmi nous, avec certaines restrictions, mais pourtant dans une large mesure, le régime de la liberté commerciale. De nouvelles conditions économiques se sont formées, toute une génération de commerçans et d'industriels a grandi à l'ombre de cette liberté, et c'est maintenant le libre-échange qui traite ses adversaires, sinon de novateurs téméraires, au moins de réactionnaires imprudens. En revanche, après trente années qui lui ont été données pour faire ses preuves, le libre-échange peut et doit être jugé aujourd'hui par ses résultats et ses œuvres, non par les espérances de ses partisans ou les

Victor de Broglie

craintes de ses détracteurs. En un mot, le libre-échange a le pouvoir et porte la responsabilité qui est la condition du pouvoir, suivie du cortège d'accusations qui ne manquent jamais de l'accompagner. On lui demande assez sévèrement compte des promesses qu'il n'a pas complètement tenues, et des maux qu'il n'a pas su prévenir.

Malgré ce changement complet de situation dont le lecteur s'apercevra à toutes les lignes de l'écrit que je lui fais connaître, il ne lui faudra pas, je crois, beaucoup d'attention pour se convaincre que, les questions étant au fond toujours les mêmes, les principes auxquels un observateur réfléchi pouvait faire appel pour les résoudre il y a trente ans n'ont pas cessé d'être applicables. Les conseils de modération qu'il donnait alors aux deux parties belligérantes, les efforts qu'il faisait pour trouver entre les systèmes et les intérêts opposés le terrain d'une conciliation équitable, les avertissemens qu'il adressait aux esprits trop absolus de part et d'autre, tout cela est encore de mise, tout cela est aussi utile à faire entendre aux vainqueurs présens qu'aux maîtres d'alors, aussi propre à modérer aujourd'hui les récriminations des protectionnistes qu'autrefois les revendications des partisans dévoués du libre-échange. Je ne puis même me défendre de penser que, si de tels avis avaient été donnés et surtout écoutés en temps utile, ils auraient pu épargner aux uns la surprise de la rude secousse qui les a atteints en 1860 et aux autres le mécompte que leurs espérances exagérées leur font éprouver sous nos yeux. Il n'est pas jusqu'au tableau assez piquant que fait l'auteur de l'embarras que causent à un gouvernement les demandes également pressantes des Intérêts aux prises et de la déception que l'expérience des affaires réserve aux théoriciens les plus rigoureux qui ne puisse fournir encore aujourd'hui aux amateurs de comparaisons malicieuses quelque divertissement mêlé d'instruction, car la nécessité pour ceux qui gouvernent d'avoir sur ces graves questions une ligne de conduite arrêtée d'avance, ferme autant que mesurée, qui guide l'esprit public au lieu de suivre ses hésitations, et les dangers de la faiblesse, de l'imprévoyance et de l'indécision sont les mêmes à toutes les époques.[1]

---

1 Les pages qu'on va lire font partie d'un volume que M. le duc de Broglie publiera prochainement chez Calmann Lévy, et qui contient le recueil des écrits économiques de son illustre père.

Duc DE BROGLIE (ALBERT).

Dans l'une des dernières et des plus vives discussions de notre dernière assemblée, les défenseurs clairsemés du *laissez faire* et du *laissez passer* ont été rudoyés plus que de coutume. On leur a dit en propres termes[1] que leurs principes étaient sots, que leur science n'était pas une science, qu'ils n'étaient eux-mêmes que de pauvres littérateurs, et, qui pis est, des littérateurs fort ennuyeux.[2] Sans rendre précisément coup sur coup, ils auraient pu répondre que l'appréciation des principes est libre sans doute, mais libre apparemment de part et d'autre, qu'à tout prendre il n'est pire science que la pure routine, et que les nombreux écrits de leurs adversaires composent une littérature, si littérature il y a, qui n'est pas non plus très riche en agrémens.

Ils pouvaient ajouter que, l'étude de l'économie politique n'étant pas un passe-temps, quand elle ennuie, il n'est pas toujours sûr que le tort soit de son côté. Les questions qu'elle entreprend d'éclaircir sont sérieuses et difficiles. La question de la liberté du commerce en particulier devient chaque jour plus importante, à mesure que les rapports entre les peuples s'étendent et se diversifient, que leurs intérêts se croisent et se compliquent, que le monde entier devient de plus en plus, grâce à la vapeur et à la télégraphie, un marché ouvert à tout le monde ; il n'y a pas dix ans qu'en Angleterre la solution donnée inopinément à cette question a changé la face du pays, transporté, pour un temps, la prépondérance des campagnes aux villes, confondu les partis, déplacé les influences, suspendu le jeu régulier des institutions politiques. Il n'y a pas quatre ans que, du nord au midi, toute l'Allemagne a failli courir aux armes, ceux-ci pour, ceux-là contre l'extension du *Zollverein*. Tant que les nations les plus éclairées en seront là, tant que les hommes d'état, les hommes de théorie, les hommes du métier ne seront pas sur ce point plus près de s'entendre, il sera naturel et même sage d'en préoccuper sans cesse les esprits, au risque de mettre quelque peu leur patience à l'épreuve, et personne n'aura droit, sur un tel sujet, d'imposer silence à personne.

J'use donc du droit qui m'appartient, comme à tout autre, en reprenant la question dont il s'agit en sous-œuvre. Je m'efforcerai de

---

1 *Discours de M. Thiers*, 27 juin 1851, p. 72.
2 *Ibid.*, p. 25.

n'en point abuser. Au lieu de me borner à compiler des lieux communs, j'essaierai de leur enlever ce caractère en les présentant sous un nouveau jour ; j'essaierai de faire faire à la controverse un pas de plus, si petit qu'il soit. Si j'y réussis, ce sera autant de gagné, et je n'aurai perdu tout à fait ni mon temps, ni ma peine.

J'indiquerai sur-le-champ où j'en veux venir. J'estime :

1° Qu'au fond et en principe, entre les adversaires de la liberté du commerce et ses défenseurs, le dissentiment, dans l'état actuel de la science, n'est pas aussi grand qu'on le croit et qu'ils le croient eux-mêmes ;

2° Qu'à la vérité, ce qui est règle pour les uns, pour les autres est exception, et réciproquement ; mais que, de part et d'autre, la règle est si souple et l'exception tellement élastique, qu'il ne faudrait qu'un peu de logique aidée d'un peu de sincérité pour ménager, dans claqué cas particulier, une transaction amiable ;

3° Que ce qui les tient à distance, c'est avant tout leur vieille animosité, leur méfiance réciproque, et surtout le grand soin que chacun prend d'oublier ou d'éluder, dans l'application, tout ou partie de ce qu'il admet en théorie ;

4° Que les gouvernemens, avertis par le sentiment de la responsabilité et par cet instinct d'équilibre qui ne leur permet de verser entièrement d'aucun côté, tout en professant, d'ordinaire et non sans motif, le système protecteur, sont néanmoins infiniment plus sensés dans leur conduite que les bruyans adeptes de ce système dans leur langage, et qu'ils n'ont souvent d'autre tort que de défendre des mesures raisonnables par des argumens qui ne le sont pas ;

5° Que leur vrai terrain pour résister plus ou moins aux progrès croissans de la liberté commerciale, ce n'est pas l'économie politique, qui les condamne, mais la politique proprement dite, qui domine et doit toujours dominer l'économie politique ;

6° Enfin qu'il ne faut s'exagérer ni les bienfaits de la liberté du commerce, ni les inconvéniens<du système contraire, quelque réels que soient les uns et les autres, attendu qu'il n'est pas donné à des combinaisons artificielles d'intervenir ou même d'altérer considérablement le cours naturel des choses.

Je tiens ces propositions pour vraies ; je ne désespère point de le démontrer. En supposant qu'elles vinssent à prévaloir, les ad-

versaires de la liberté du commerce, ses défenseurs, les gouvernemens, les intérêts généraux de la société y trouveraient également
leur compte.

Les adversaires de la liberté du commerce ont aujourd'hui le haut
du pavé presque partout, hormis en Angleterre ; mais leur position
n'en est pas moins précaire et périlleuse ; presque partout il leur ar-
rivera, s'ils n'y prennent garde, ce qui leur est arrivé en Angleterre.
Ils passent en général, et non sans raison, pour des esprits étroits,
des hommes à préjugés, ou, pis encore, pour les représentans, les
organes d'intérêts privés en lutte contre l'intérêt général. Un beau
jour il s'élèvera, je ne sais d'où, je ne sais quel vent de réforme, au
besoin même de révolution, qui soufflera sur l'édifice un peu ver-
moulu derrière lequel ils s'abritent et le dispersera sans en laisser
pierre sur pierre, dépassant ainsi le but, comme il arrive toujours
en temps de réaction, au lieu de se borner à l'atteindre.

Lorsqu'en 1840 sir Robert Peel rentrait au pouvoir, à la tête du
parti conservateur, au nom du système protecteur, porté sur le
pavois par les grands seigneurs, les propriétaires fonciers, les fermiers de la Grande-Bretagne ; lorsqu'il épuisait tous les trésors de
son savoir, toutes les ressources de son éloquence pour couvrir les
intérêts agricoles du bouclier de l'échelle mobile ; lorsqu'il n'avait
sur ce point en face de lui qu'une poignée d'économistes décriés
sous le nom de rêveurs, tous ses vrais adversaires politiques étant,
comme lui, plus ou moins engagés à la protection des céréales, qui
lui eût dit qu'au bout de quatre ans il professerait la liberté absolue
du commerce, qu'il couvrirait de sarcasmes le système protecteur,
et ouvrirait aux blés étrangers les portes de l'Angleterre sans pré-
caution, sans condition, entrant plus avant dans cette voie qu'aucun de ces rêveurs dont il se raillait : qui lui eût dit cela l'aurait fort
surpris à coup sûr.

Avis aux protectionnistes de France et d'ailleurs ! Avis surtout à
ceux qui se livrent aveuglément, pieds et poings liés, au pouvoir
absolu. Ne leur vaudrait-il pas beaucoup mieux abandonner un
terrain qui n'est pas tenable, des principes qui ne sont que des
pétitions de principes, des argumens surannés et rebattus, et, se
plaçant sur un terrain solide, armés d'argumens admis d'un commun aveu, défendre sans faiblesse et sans violence ce qu'il y a de
légitime dans leurs prétentions, en sacrifiant le surplus de bonne

Victor de Broglie

heure et de bonne grâce ?

Les défenseurs de la liberté du commerce, en revanche, sont partout, hormis en Angleterre, opprimés et en petit nombre ? mais ce n'est pas là leur plus grand malheur. Leur vrai malheur, c'est qu'ils ne jouissent pas d'une meilleure réputation que leurs adversaires. Si les protectionnistes passent aux yeux du public pour des esprits étroits, routiniers, les économistes passent aux yeux de ce même public pour des esprits chimériques, pour des utopistes ; si les protectionnistes sont considérés comme des hommes intéressés au maintien des abus, les économistes sont considérés comme des logiciens à outrance qui ravageraient, pour peu qu'on les laissât faire, tous les intérêts existans, et mettraient le feu aux quatre coins de la société. Rien n'est plus injuste assurément, du moins en France ; car, lorsqu'il arrive, ce qui n'est pas sans exemple, que les vicissitudes de la politique portent à la tête de nos finances quelque économiste de profession, le premier soin du pauvre homme, c'est de mettre son drapeau dans sa poche, d'enfermer ses principes dans son tiroir, et d'agir comme s'il n'avait jamais rien dit, ni rien écrit.

En 1814, au début de la restauration, la France avait pour ministre des finances un homme doué de rares talens et, ce qui est plus rare encore, d'une grande fermeté de caractère. M. Louis avait devant lui une table rase. Le système continental venait de tomber sous les coups de l'Angleterre, et sous les anathèmes de l'Europe. Nos douanes avaient été expulsées de tous les pays conquis par nous et reconquis sur nous ; nos douaniers étaient dispersés, notre frontière de terre et de mer était ouverte de toutes parts. Les intérêts manufacturiers qui périssaient avec le régime impérial avaient l'oreille basse ; la liberté était à la mode, au moins pour quelques instans. Certes l'occasion était belle pour établir la liberté du commerce sur des bases sages, mais larges. Qu'a fait M. Louis, disciple fervent d'Adam Smith, libre-échangiste, s'il en fut, pour parler le jargon du jour ? Il a établi le système protecteur, d'abord timidement, par quelques mesures de gouvernement, puis ouvertement, par la loi du 17 novembre 1814.

Lors de la mémorable discussion que je rappelais en commençant, nous avions à la tête du ministère du commerce un économiste de profession ; à la tête du ministère de l'intérieur un économiste de profession ; à la tête de la commission du budget, souveraine à cette époque en matière de finances, un économiste de profession. Qu'est-il arrivé ? Par une singulière fatalité, tous trois étaient absens, et leur science chérie a été traînée sur la claie, sans qu'un mot ait été articulé pour sa défense. N'est-il pas permis de penser que la crainte de se trouver en minorité n'est pas la seule qui les domine, qu'ils partagent, à un certain degré, la frayeur qu'ils inspirent, et que, à tout prendre, ils préfèrent n'avoir point à répondre des conséquences de leurs principes ? En posant à ces principes des limites que la science autoriserait, ne les mettrait-on pas un peu plus à l'aise ? Mais c'est surtout aux gouvernemens, c'est surtout aux intérêts sociaux qu'on rendrait service.

Les gouvernemens professent, en général, le système protecteur, ut pratiquent à petit bruit, autant qu'ils peuvent, autant qu'ils osent, le système libéral. Il n'y a rien là que de naturel. Tout gouvernement est conservateur, et le système protecteur a pour but la conservation de ce qui est. Mais tout gouvernement éclairé connaît les faits, en mesure la valeur, en détermine la portée, pénètre les ruses et les exagérations des intérêts privés, et s'efforce de les déjouer dans l'intérêt général. Il suit de cette double tendance que les gouvernemens n'ont guère, en pareille matière, aucun plan de conduite fixe, qu'ils changent à chaque instant de direction et de langage, qu'ils faussent les principes ou dénaturent les faits, à bonne intention, par prudence, par ménagement, pour les approprier aux circonstances ; qu'après avoir avancé, ils reculent plus qu'ils n'ont avancé, qu'après avoir reculé, ils avancent plus qu'ils n'ont reculé. Or, rien n'est plus dommageable aux intérêts sociaux, aux vrais intérêts, aux intérêts honnêtes, sensés, aux intérêts patiens, persévérans, économes, que d'être ainsi tenus sur le qui-vive, de ne savoir jamais sur quoi compter, de ne savoir ni ce que pense le gouvernement, ni ce qu'il fera, car ce qu'il dit n'est pas ce qu'il pense, et ce qu'il fait n'est pas ce qu'il dit.

Voyons donc, je le répète, s'il ne serait pas possible de frayer la route vers un ordre d'idées qui pût être admis de part et d'autre dans ses bases principales, et qui ne laissât plus à discuter que l'application des principes communs à chaque cas particulier. Efforçons-nous d'abord de bien poser la question et, pour y réussir, essayons de la dégager de tout ce qui n'y tient pas essentiellement.

L'économie politique, aussi ancienne que le monde, est devenue

Victor de Broglie

science vers le milieu du dernier siècle. L'axiome *laissez faire, laissez passer*, auquel on voudrait mal à propos la réduire, est, comme la science elle-même, d'origine française. Gournay l'avait mis en circulation, Turgot l'avait mis en pratique, avant qu'Adam Smith n'eût écrit. C'était, dès cette époque, la liberté de l'industrie, la liberté du commerce que réclamaient ces hommes éclairés, mais c'était principalement la liberté du commerce à l'extérieur, la liberté de l'industrie à l'intérieur. On sait à quel régime rigoureux étaient alors soumises les diverses professions, quelles entraves pesaient sur le commerce des grains, sur le commerce des vins, de province à province ; combien était dur, selon les localités, le monopole du sel. La France était alors partagée en trois grandes régions : la première, dite des cinq grosses fermes, était régie par les tarifs de 1664 et 1667 ; la seconde avait conservé les anciens tarifs, qui variaient de province à province ; la troisième se composait des provinces traitées comme étrangères, commerçant librement avec l'étranger, mais dont les produits étaient traités comme étrangers, lorsqu'ils pénétraient dans le reste du pays. L'assemblée constituante a fait justice de ces combinaisons oppressives, de ces anomalies, de ces bigarrures. Après avoir supprimé les corporations, les maîtrises, les jurandes, les monopoles de toute nature, elle a fait disparaître la diversité des tarifs, de provinces à provinces, et les lignes de douanes intérieures qui les protégeaient. Personne aujourd'hui ne l'en blâme ; il n'existe pas, que je sache, de protectionniste assez intrépide pour réclamer, sous ce rapport, le rétablissement de tout ou partie de l'ancien régime.

Il ne faut pas, néanmoins, se faire illusion. L'introduction de la liberté du commerce à l'intérieur n'a pas été, dans le temps, moins rigoureuse pour les intérêts privés qui s'étaient formés et développés à la faveur du système contraire, que ne le serait aujourd'hui la liberté du commerce à l'extérieur pour les intérêts privés qui se sont formés et développés à la faveur de nos tarifs actuels. Soumis à la concurrence, ceux de ces intérêts privés qui n'ont pu la soutenir ont été forcés alors, comme ils le seraient aujourd'hui, d'abandonner, à peu près sans retour, le capital fixe engagé dans leurs établissemens, de subir une dépréciation plus ou moins notable sur leur capital circulant, de laisser enfin sans emploi tout ou partie de ce capital pendant un temps plus ou moins long, et les ouvriers employés dans ces établissemens ont été forcés, de leur côté, de subir un chômage plus ou moins long et de se résigner aux embarras, aux dépenses d'apprentissage qu'entraîne inévitablement le passage d'un genre de main-d'œuvre à un autre.

Quoi qu'il en soit, ce qu'a fait rassemblée constituante, le directoire et l'empire l'ont fait avec la même décision, dans des circonstances différentes. Lorsqu'en 1797 le traité de Campo-Formio a réuni définitivement à la France la rive gauche du Rhin, le directoire a placé sous un même régime les anciens et les nouveaux départemens. Autant en a fait l'empereur Napoléon Ier, le moins libéral des hommes, lorsqu'il a successivement réuni à la France : en 1804, le Piémont;[1] en 1808, la Toscane, Parme et Plaisance;[2] en 1809, Rome et l'état romain;[3] en 1810, le Valais, la Hollande et les villes hanséatiques;[4] de telle sorte qu'en 1813, à la chute de l'empire, la France s'étendant des Pyrénées à l'Elbe et de Rome à Hambourg, la liberté du commerce se trouvait établie de plein droit sur un territoire égal aux deux tiers de l'Europe.

Pour en venir là, il avait fallu sacrifier bien des intérêts privés, bien des établissemens préexistans ; il avait fallu faire ou laisser subir aux classes laborieuses bien des déplacemens onéreux, bien des souffrances réelles.

Personne n'avait réclamé.

Personne ne réclamerait non plus si le sort des armes nous rendait nos conquêtes, si, ce qui fut fait alors, il était question de le faire aujourd'hui. Mais supposé que, en pleine paix, on proposât aujourd'hui d'établir la liberté du commerce entre la France et la Belgique, entre la France et la Hollande, entre la France et. la moitié de l'Allemagne ou de l'Italie, se figure-t-on quels cris de fureur et de détresse nous entendrions retentir de toutes parts !

Où serait la différence ?

A ne considérer les choses que sous un point de vue purement économique, on n'en aperçoit guère dont il sait possible de se rendre compte. Admettons, par exemple, que demain le gouvernement français et le gouvernement belge convinssent d'établir entre

1 24 fructidor au X
2 30 mai 1808
3 17 mai 1809.
4 Les 13 et 14 décembre 1810.

Victor de Broglie

la France et la Belgique la liberté du commerce, qu'arriverait-il ? Exactement ce qu'il arriverait si les deux pays étaient incorporés l'un à l'autre. Certains établissemens belges, hors d'état de soutenir la concurrence des établissemens similaires français, seraient abandonnés et leurs ouvriers congédiés. Les établissemens similaires français et leurs ouvriers en profiteraient plus ou moins. De part et d'autre, le travail et le capital restés libres seraient contraints de chercher un nouvel emploi. En définitive, profits et pertes compensés, de part et d'autre, il interviendrait dans chaque pays une nouvelle distribution de travail et de capital, une distribution plus en harmonie avec les avantages particuliers que chaque pays tient de la nature.

Ce n'est donc qu'en considérant les choses sous un point de vue tout politique, c'est uniquement en tenant compte de l'indépendance réciproque où se maintiendraient les deux pays, et de la diversité, réelle ou supposée, actuelle ou possible, de leurs intérêts, de leur position, de leur destinée, que les effets d'une telle mesure pourraient, non sans raison, paraître tout autres et de tout autre conséquence.

Quoi qu'il en soit, personne, je le répète, ne conteste aujourd'hui cet axiome passé presque en force de lieu commun, à savoir que dans un même pays soumis aux mêmes lois, régi par le même gouvernement, la libre concurrence, en matière d'industrie et de commerce, est de plein droit, quelque opinion qu'on se forme d'ailleurs sur la convenance d'étendre ou de restreindre ce principe dans les relations d'état à état.

Ajoutons que même entre pays contigus, mais indépendans à certains égards, soumis à des lois différentes, régis par des gouvernemens différens, s'il arrive que ces pays, réunis par un lien fédératif, confondent leurs intérêts politiques et fassent corps vis-à-vis de l'étranger, la libre concurrence s'établit à peu près inévitablement dans l'intérieur de la confédération tout entière, Il n'a jamais existé de ligne de douanes entre les cantons helvétiques ; jamais entre les États-Unis de l'Amérique du Nord, qui couvrent la moitié de l'un des deux hémisphères ; et si, dans l'enceinte de la confédération germanique, le principe de l'union douanière rencontre encore des difficultés qu'il surmonte progressivement et dont il semble près de triompher tout à fait, c'est parce qu'au nombre des confédérés figurent des puissances de premier ordre, qui doivent naturellement hésiter avant de s'enchaîner l'une à l'autre et d'abdiquer en grande partie leur autonomie intérieure.

Le principe de la libre concurrence, dans l'enceinte d'une même circonscription politique, étant donc admis, — admis d'un commun aveu, — admis par les protectionnistes les plus décidés, — on doit par conséquent tenir également pour admises les maximes qui lui servent de fondement, savoir :

1° Qu'en thèse générale, l'intérêt privé, l'intérêt de chaque homme en particulier est bon juge, est le meilleur des juges quant à la direction qu'il convient de donner à l'emploi du capital et du travail dont chaque homme dispose, et, partant, à l'emploi du capital et du travail de la nation tout entière ;

2° Que le gouvernement doit, autant que possible, se garder d'intervenir en pareille matière, et d'intervertir le cours naturel des choses ;

3° Qu'il faut, pour rendre en cela son intervention légitime, un intérêt public bien caractérisé, évident, sérieux, *dignus vindice nodus* ;

4° Que toute intervention de ce genre, ayant pour but et pour effet d'élever artificiellement le prix de certains produits, se résout nécessairement en impôt prélevé sur le public au profit de certains producteurs ;

5° Que le public ayant évidemment droit de n'être imposé que dans son intérêt, aucun producteur, quel qu'il soit, n'a droit de réclamer à son profit l'intervention de l'état, si ce n'est en prouvant que l'intérêt public se confond avec le sien, et que le public y gagne en définitive plus qu'il n'y perd au premier instant.

C'est ainsi qu'on justifie, par exemple, le monopole temporaire accordé aux brevets d'invention, les restrictions imposées à certaines professions, les encouragemens momentanés ou permanens donnés à certaines entreprises, l'entretien aux frais de l'état de certains établissemens qui coûtent plus qu'ils ne rapportent, mais qui honorent le pays et sèment pour l'avenir.

Or maintenant se pourrait-il que ces règles si simples, si sages, que ces maximes si justes, si naturelles, n'eussent cours entre les citoyens qu'en ce qui concerne le commerce des productions indigènes ? Se pourrait-il que le commerce des productions exotiques fût soumis à des règles différentes, à des maximes contraires ?

En thèse générale et sauf exception dûment justifiée, l'intérêt privé, c'est-à-dire l'intérêt de chacun, et partant celui de tous ; n'est-il pas, dans un cas comme dans l'autre, bon juge de ce qui convient à chacun ?

En thèse générale et sauf exception dûment justifiée, le gouvernement ne doit-il pas, dans un cas comme dans l'autre, se garder d'intervertir le cours naturel des choses ?

Toute protection accordée à tel ou tel produit contre l'introduction de tel ou tel produit similaire provenant de l'étranger a-t-elle un autre but que d'élever artificiellement le prix du produit national ? Cet excédant de prix est-il autre chose qu'une taxe prélevée sur les consommateurs au profit des producteurs nationaux ? Les producteurs peuvent-ils cette fois réclamer légitimement protection, en leur propre nom, pour leur propre compte, dans un intérêt exclusivement personnel ? Sont-ils dispensés, dans cette occasion, plus que dans toute autre, de prouver que leur intérêt se confond avec l'intérêt public, qu'ils agissent pour tous et non pour eux seuls, et qu'en définitive ils font les affaires des consommateurs autant et plus que les leurs ?

Personne, en théorie du moins, ne l'a jamais prétendu ; mais il fut un temps, et ce temps n'est pas encore assez éloigné de nous pour qu'il soit permis de l'oublier, il fut un temps où l'on soutenait qu'en tout pays tous les habitans étaient à peu près également intéressés à protéger, à peu près dans toutes ses branches, l'industrie nationale contre l'industrie étrangère ; qu'aucun pays ne devait subir la condition de tributaire de l'étranger, pour peu qu'il dépendît de lui de s'y soustraire.

Ce temps n'est plus ; aucun gouvernement, de nos jours, quelques principes qu'il professe en économie politique, n'entend interdire à ses administrés le commerce extérieur ; tous, au contraire, s'efforcent d'ouvrir sans cesse à ce commerce de nouveaux débouchés ; tous tiennent à prouver chaque année, par des tableaux hérissés de chiffres, que leurs efforts n'ont pas été vains.

Personne aujourd'hui, protectionniste ou non, personne, à quelque pays qu'il appartienne, n'entend qu'on élève, autour de ce pays-là, la grande muraille de la Chine ; qu'on l'oblige à produire, coûte que coûte, pour son propre usage, des denrées, des marchandises auxquelles se refusent son sol, son climat, ses circonstances particulières ; qu'on lui défende de vendre à l'étranger l'excédant des produits de son industrie naturelle ou acquise.

Sans aller jusqu'à défendre tout commerce extérieur, il fut un temps où l'on estimait que l'exportation des métaux précieux était pour tout pays, une cause certaine de ruine, et leur importation presque l'unique source de la richesse ; qu'en conséquence le commerce extérieur ne devait être favorisé ou même toléré qu'avec les pays auxquels on vendait plus de denrées ou de marchandises qu'on n'en achetait, et dont on pouvait réclamer, en fin d'année, un solde en numéraire, au lieu d'avoir à le leur payer. Ce temps n'est plus. Aucun gouvernement ne tient compte aujourd'hui de la *balance du commerce* qu'à titre de renseignement statistique. Personne aujourd'hui, protectionniste ou non, ne s'imagine qu'un pays, dans l'ensemble de ses transactions commerciales, puisse vendre sans acheter, c'est-à-dire exporter sans importer ; personne aujourd'hui n'ignore qu'à l'extérieur comme à l'intérieur tout commerce se résout en simple troc ; que les marchandises se soldent définitivement en marchandises ; que le numéraire, simple instrument d'échange, ne figure dans ses transactions que comme appoint ; qu'à ce titre le même écu suffisant à faire circuler dans un temps donné un million de choses différentes, la quantité de numéraire qui passe alternativement d'un pays dans un autre pays est presque toujours insignifiante ; et qu'en tout cas, le numéraire étant en quelque sorte un liquide qui cherche sans cesse son niveau, aucune puissance humaine ne saurait ni le retenir là où il surabonde, ni l'empêcher d'affluer là où le besoin s'en fait sentir.

Cela étant, je suis donc fondé à dire qu'aujourd'hui, dans l'état présent des esprits et de la science, il n'existe, de l'aveu des protectionnistes eux-mêmes, entre les principes qui régissent le commerce extérieur et ceux qui régissent le commerce intérieur, aucune différence réelle, essentielle, intrinsèque ; que tout se réduit en question de plus ou de moins ; que, la libre concurrence étant le droit commun, et la protection, sous une forme quelconque, l'exception, la différence purement relative est dans le nombre des exceptions, nombre qui peut être tel, il est vrai, pour certains esprits, qu'en point de fait, l'exception supplante la règle, et garde le haut du pavé dans leur argumentation ; qu'enfin la raison même de cette différence est principalement, sinon uniquement politique ; qu'elle tient sinon uniquement, du moins principalement, à la diversité d'intérêts qu'entraîne ou peut entraîner l'indépendance réciproque des états.

Ces vérités, qu'en thèse générale aucun protectionniste ne conteste désormais, il va sans dire que les amis de la liberté industrielle et commerciale ne les contestent pas non plus en ce qu'elles ont de favorable à leur cause ; mais les contestent-ils en thèse générale, dans ce qu'elles auraient de restrictif ? Professent-ils le principe de la libre concurrence, tant à l'extérieur qu'à l'intérieur, dans toute la rigueur du terme et de l'idée ? N'admettent-ils dans aucun cas de tempéramens ni d'exceptions ?

C'est un reproche qu'on pouvait peut-être adresser aux premiers économistes, Quesnay, Gournay, l'abbé Baudeau, Mercier de la Rivière. Au début de toute science, les principes se produisent avec l'ambition des conquérans, avec toute l'arrogance d'une logique inflexible.

« Qu'on maintienne l'entière liberté du commerce, car la police du commerce intérieur et extérieur la plus sûre, la plus exacte, la plus profitable à la nation et à l'état, consiste dans la pleine liberté de la concurrence.[1] »

« Il est impossible que, dans le commerce abandonné à lui-même, l'intérêt particulier ne concoure pas avec l'intérêt général.[2] »

« Liberté générale, immunité parfaite, facilités universelles, voilà ce qu'il faut procurer aux trafiquans.[3] »

« Les premières notions du commerce, rapprochées de la véritable idée qu'on doit se former du meilleur état possible d'une nation, démontrent sans réplique la nécessité que le commerce jouisse de la plus grande liberté.[4] »

Ainsi parlaient les première maîtres de Turgot et d'Adam Smith. Mais déjà Turgot, d'un esprit aussi ferme et plus étendu que le leur, remarquait avec sagacité que, « pour bien traiter une question éco-

1 Tableau économique de Quesnay, maxime XXV.
2 **Éloge de Gournay** (*Collect. des économistes*, t. III, p. 270).
3 *Introd, à la phil. **écon.** de l'abbé Baudeau*, ch. V, art. 5, 55, 2.
4 Mercier de la Rivière (*Ordre naturel des sociétés politiques*, ch. XIV).

nomique, il fallait oublier qu'il y a des états politiques séparés les uns des autres et constitués diversement.[1]» Ce qui implique, *ex contrario*, qu'en dehors de la pure théorie, c'est-à-dire dans la réalité, dans la vérité des choses, il est nécessaire d'en tenir compte. Adam Smith, bientôt après, fut plus net et plus explicite.

Adam Smith reconnaît deux cas où l'industrie nationale *doit* être protégée contre l'industrie étrangère, et deux autres où elle *peut* l'être, selon l'occasion et la circonstance. « La sécurité, dit-il, est pour un pays de plus grand prix que la richesse ; en conséquence, il convient d'encourager, par de certains avantages, toute industrie domestique qui parait nécessaire à la défense de l'état.[2]» Par ce motif, il approuve l'acte de navigation passé sous Cromwell, en 1651, lequel peut être considéré comme un code de droits protecteurs, très divers et très compliqués. « Quand un produit quelconque de l'industrie nationale, dit-il encore, devient l'objet d'un impôt et que le prix de ce produit s'élève en conséquence, il convient de le protéger contre la concurrence étrangère et de rétablir ainsi l'équilibre, pourvu toutefois qu'on puisse discerner suffisamment comment et jusqu'à quel point ce produit est affecté par l'impôt. » Ce n'est pas tout. « Quand l'étranger, continue-t-il, entrave par des prohibitions ou des droits protecteurs l'exportation de ses produits, on peut user de représailles à l'égard des siens, s'il y a espérance de l'amener à composition. *L'acquisition d'un marché plus étendu compense alors et au delà cet inconvénient passager.* » Enfin, quand un nombre plus ou moins grand d'établissemens s'est formé dans un pays à l'abri d'un certain degré de protection, il y aurait, selon Adam Smith, de graves inconvéniens à la leur retirer brusquement ; on n'y doit procéder que peu à peu et avec circonspection.

Aucun des vrais disciples d'Adam Smith, aucun des hommes dont le nom compte dans la science, ne s'est jamais départi de ces sages réserves.

Le parlement d'Angleterre, il est vrai, après avoir successivement à vingt reprises différentes et notamment en 1825 et en 1826, modifié l'acte de navigation de 1651, a fini en 1849 par l'abroger tout à fait, mais sans en désavouer le principe, en déclarant simplement

1 Corresp., lettre VIII (*Collect. des écon.* t. IV, p. 800).
2 *On the wealth of nations*, **édit.** de Mucculloch, liv. IV, ch. II, t. II, p. 292-295.

Victor de Broglie

que cet acte avait fait son œuvre et son temps.

« Je suis d'avis autant que qui que ce soit, disait en 1826, au nom du gouvernement, M. Huskisson, que notre devoir est de ne jamais perdre de vue la nécessité politique, et que, chaque fois que les intérêts de la navigation et ceux du commerce sont en conflit, les intérêts de la navigation doivent avoir la préférence.[1]» « Je reconnais, disait en 1849 lord Lansdowne, au nom du gouvernement, qu'on doit sacrifier sans hésiter la richesse à la sécurité.[2]» Mais, au dire de l'un et de l'autre, cette opposition entre les deux intérêts n'existait plus, et le régime restrictif était devenu nuisible aux progrès de la marine, autant qu'à ceux du commerce.. Les promoteurs les plus ardens de l'abrogation, les théoriciens les plus absolus, d'accord sur ce point avec les hommes d'état, n'invoquaient pas un autre motif et ne tenaient pas un autre langage.[3]

Lorsqu'en 1821 commença dans le parlement et dans la presse la grande controverse de la liberté du commerce des grains, M. Huskisson, principal auteur du remarquable rapport déposé le 18 juin sur le bureau de la chambre des communes,[4] et M. Ricardo, dans un pamphlet célèbre,[5] en se prononçant pour la libre importation des grains étrangers, reconnurent qu'il fallait que l'agriculture anglaise fût protégée contre toute concurrence, dans les proportions des charges spéciales dont elle est grevée ; la taxe des pauvres, par exemple, la *land-tax*, la dîme, le *county rate* ; et cinq ans après, en 1826, M. Macculloch réclamait en sa faveur précisément la même exception.[6]

Quant à l'emploi du régime des représailles envers l'étranger, comme il rentre plutôt, de l'aveu d'Adam Smith lui-même,[7] dans le domaine de la politique générale que dans celui de l'économie politique, les économistes les plus rigides ne l'ont jamais contesté ; ils se sont toujours bornés à recommander de prendre, en pareille matière, pour règle et pour mesure, les chances raisonnables de

1 *Parliam. Debates*, new series, t. XV, p. 1146.
2 *Ibid.* , third series, t. CIV, p. 1318.
3 *The Anatomy of the navigation laws*, p. 220.
4 *Parliam. Debates*, new series. Appendice, t. XXXVII.
5 *On protection to agricult.*, p. 83. Voy. également ce qu'en dit Say, liv. I ; ch. XVIII, p. 55-4.
6 *Edimb. Review*, t. XLTV, p. 353 et suivantes.
7 *Wealth of nations*, **édit.** de Macculloch, t. II, p. 301.

succès. « *S'il est quelquefois à propos, en diplomatie,* était-il dit dans la pétition des négocians de Londres, présentée par M. Baring, mais rédigée par E. Ch. Tooke, *de faire dépendre l'abolition ou la diminution de droits élevés, de concessions correspondantes faites en notre faveur par d'autres états,* il ne s'ensuit pas que nous devions maintenir nos restrictions dans le cas où les concessions que nous désirons nous seraient refusées ; ces restrictions, en effet, ne cesseraient pas de nous être préjudiciables, parce que d'autres gouvernemens conserveraient des règlemens impolitiques.[1] »

Et quant à cette idée, qu'il serait imprudent, lorsque telle ou telle industrie s'est élevée sous l'abri d'une certaine protection, de la lui retirer brusquement, de la laisser écraser tout à coup, sans ménagemens et sans égards, non-seulement les économistes actuels ne font aucune difficulté de l'admettre, mais ils lui donnent une extension qu'Adam Smith, dans son rigorisme, aurait peut-être trouvée excessive. On tient en effet pour maxime, aujourd'hui, que toute industrie qui promet de soutenir, un jour, la libre concurrence avec l'étranger, doit être protégée, tant qu'elle est encore en état d'infériorité relative, sauf à réduire graduellement le taux de la protection, jusqu'au moment précis où elle cesse d'en avoir besoin.[2]

C'est en prenant ce principe, ainsi entendu, pour règle de sa conduite, que M. Huskisson a constamment procédé à la réforme de la législation commerciale en Angleterre, plaçant, par exemple, l'industrie des soieries sous la protection d'un droit spécial de 30 pour 100 ;[3] l'industrie linière sous la protection d'un droit réductible pendant huit ans, d'année en année, jusqu'au taux de 25 pour 100 ;[4] c'est ce qu'il entendait par ces paroles qu'il prononçait le 10 mai 1826 : « Notre intention est de réduire le tarif le plus bas que comportent, sur chaque article, les deux objets légitimes de tous les droits de douane, les besoins du trésor public, et la *protection nécessaire à l'industrie du pays.*[5] » C'est également en prenant ce principe, ainsi entendu, pour règle de leurs prétentions, que les économistes français les plus rigides réclament la révision de notre

---

1 *Parliam. Debates*, new series, t. I, p. 183.
2 Say, *Traité d'écon. polit.*, liv. I, ch. XVII, LV, I.
3 Acte du 12 avril 1824.
4 Acte du 5 juillet 1825.
5 *Parliamentary Debates*, new series, t. XV, p. 1180.

Victor de Broglie

tarif de douanes.[1]»

Enfin, pour ne rien omettre, qu'il soit permis d'ajouter que, si le principe du *laissez passer* admet aujourd'hui même en pure théorie des exceptions que les premiers économistes auraient peut-être contestées, le principe du *laissez faire* en admet encore davantage. On reconnaît aujourd'hui, d'un commun aveu, qu'il est bien des cas où l'intervention d'un gouvernement ne doit pas se borner à garantir un champ libre à l'activité individuelle ; où beaucoup de choses très utiles deviendraient impossibles sans son concours, voire même sans son initiative.

Le dernier ouvrage de M. Mill, exposé complet du dernier état de la science, et dont assurément l'autorité n'est pas suspecte, contient à ce sujet les considérations les plus élevées et les plus' sages.[2]

Il suit de là qu'en se maintenant sur le terrain des principes, sur les hauteurs de la théorie, on ne voit pas bien en quoi désormais les doctrines professées par les protectionnistes diffèrent précisément des doctrines professées par leurs adversaires ; on ne voit pas bien ce que les premiers pourraient *légitimement* demander qui leur pût être légitimement refusé par les seconds.

Du moment où les protectionnistes renoncent à demander protection pour toute industrie quelconque, par cela seul qu'elle existe ou qu'elle peut exister ; du moment ou ils consentent à prendre l'intérêt général, l'intérêt bien entendu des consommateurs, pour arbitre entre eux et les consommateurs ; du moment, en revanche, où leurs adversaires admettent que toute industrie dont le maintien importe à la sécurité publique doit être protégée coûte que coûte, que toute industrie grevée d'impôts doit être protégée dans la proportion de l'impôt qu'elle supporte ; que toute industrie qui promet de soutenir, un jour, la libre concurrence, doit être protégée dans une juste mesure durant sa minorité ; qu'enfin les représailles contre l'étranger sont permises, en matière commerciale ,lorsqu'elles ont chance de réussir et d'atteindre leur but ; du moment, en un mot, que protection n'est refusée qu'aux industries qui n'en ont pas besoin ou à celles qui ne pourraient subsister qu'au détriment des consommateurs tant actuellement qu'à l'avenir, sur quoi dispute-t-on ? sur quoi peut-on disputer, en théorie s'entend,

1 Michel Chevalier, *Exam. du syst, commerc.*, p, 293-313.
2 *Elements of polit, econ. by John Stuart Mill*, t. II, book V ch.. XI.

car il va sans dire qu'en ceci, comme en toutes choses, on disputera toujours sur l'application des principes généraux aux faits particuliers ?

Hélas ! on dispute parce que originairement on a disputé, parce que, avant de se rapprocher sur le terrain de la raison et de l'équité, on est parti des deux extrémités opposées, parce que les adversaires nourrissent les uns contre les autres des préventions invétérées, des rancunes implacables, d'insurmontables méfiances ; on dispute pour l'honneur du drapeau, on dispute surtout parce que le plus fort dans chaque occasion, le plus fort, quel qu'il soit, est, toujours tenté d'abuser de sa position, parce qu'il oublie ou méconnaît dans la pratique ce qu'il a concédé en théorie, parce qu'il se laisse aller à raisonner intrépidement comme s'il n'avait rien accordé.

N'avons-nous pas entendu, dans la célèbre discussion que je rappelais tout à l'heure, l'orateur qui charmait l'assemblée établir aux applaudissemens frénétiques de toutes les parties de la salle que toutes les industries en France avaient besoin d'être protégées, partant qu'aucune n'est en état de supporter par ses propres forces la concurrence étrangère, qu'aucun producteur ne pouvait faire ses affaires sans prélever un impôt sur les consommateurs, et citer en preuve l'industrie vinicole, où la France n'a point d'égale : « Nos vins de Bordeaux, s'écriait-il, peuvent, il est vrai, se passer de protection, mais gare aux vins de Provence ; ils pourraient dans les mauvaises années. avoir à lutter contre Les vins d'Espagne ou d'Italie ; donc un débit protecteur pour tous nos vins sans exception.[1]»

N'était-ce pas là rétrograder bien en arrière de Colbert et de Foronnais ? N'était-ce pas là reconnaître à tout producteur le droit de taxer tout consommateur non pour quelque motif de sécurité publique, de compensation, d'encouragement temporaire ou de représaille, mais *ipso facto*, parce que le producteur produit, et que le consommateur est *gent taillable à merci* et miséricorde ?

Est-il besoin de faire observer, en outre, que dans un pays où toutes les industries seraient également protégées, aucune ne le serait effectivement, puisque chaque industriel rendrait de la main droite ce qu'il recevrait de la main gauche et rembourserait, comme consommateur de matières premières et de denrées, l'équi-

1 *Discours de M. Thiers.* Préface, p. VIII, texte, p. 14.

Victor de Broglie

valent de ce qu'il percevrait à titre de producteur ?

N'avons-nous pas vu, en revanche, lors du triomphe de l'*Anti-corn-league*, non-seulement les hommes de parti en Angleterre, — l'esprit de parti abuse de tout, — non-seulement les hommes d'état, — les hommes d'état sont trop souvent les serviteurs des circonstances, — mais les théoriciens, les hommes de science, oubliant ce qu'ils n'avaient cessé de proclamer durant la lutte, à savoir que l'agriculture britannique étant grevée de près de 13 millions sterling de taxes spéciales, elle avait droit, sous ce rapport et dans cette mesure, à un certain degré de protection ; ne les avons-nous pas vus, dis-je, livrer l'agriculture britannique à la concurrence étrangère, sans droit fixe ou mobile, sans exception ni condition, ceux-ci prenant pour prétexte qu'à tout bien considéré la *land-tax*, par exemple, n'était pas trop onéreuse ; ceux-là que le bas prix des grains permettrait de supprimer les *poor laws* ; d'autres, ce qui peut se soutenir à la rigueur, que la dîme n'affecte pas sensiblement le prix des grains ; les plus sincères enfin déclarant nettement que l'intérêt public devait passer avant celui des propriétaires fonciers et de leurs fermiers, et qu'après avoir si longtemps opprimé le peuple, encore étaient-ils heureux de s'en trouver quittes à si bon marché.

Il en sera toujours ainsi.

L'esprit de parti est sincère, mais aveugle dans son entraînement. Il dépasse et dépassera toujours le but. L'intérêt privé est clair-voyant, mais rusé dans son manège ; il se souvient da ce qui lui convient ; il oublie, il ignore, il oubliera, il ignorera toujours ce qui ne lui convient pas. Mais les gouvernemens, dont la mission est d'imposer l'impartialité à l'esprit de parti et l'équité aux intérêts privés, les gouvernemens, dont le devoir est de faire prévaloir en toute chose l'intérêt général et le bon sens pratique, les gouver-nemens, qui remplissent ce devoir beaucoup plus réellement que d'ordinaire on ne le suppose, pourquoi continueraient-ils à suivre timidement l'esprit de parti, passant avec lui tour à tour d'un bord à l'autre en essayant de le modérer ? Pourquoi continueraient-ils à parler le langage des intérêts privés et à caresser leur convoitise en essayant de la contenir ? Pourquoi n'auraient-ils pas une fois pour toutes un plan fixe, une politique certaine, des principes arrêtés, un langage ferme et personnel ? Pourquoi n'entreprendraient-ils pas de diriger l'opinion au lieu de l'attendre et de commander au lieu d'obéir ?

Supposons un gouvernement qui, profitant de l'état de paix au dehors et de prospérité intérieure dont jouit la nation qu'il dirige, ce qui de nos jours n'est heureusement pas rare, annoncerait ouvertement le dessein de réformer son tarif de douanes conformément aux principes consacrés par la science, d'assurer indéfiniment aux industries dont le maintien importe à la sécurité, à la défense de l'état, une protection suffisante ; aux industries grevées de quelque impôt spécial, une protection égale au montant de cet impôt ; aux industries qui promettent de soutenir un jour la concurrence avec l'étranger, une protection progressivement décroissante jusqu'à une époque déterminée ; aux industries destinées à périr, le temps nécessaire pour que le déplacement des capitaux et des populations laborieuses s'opère avec aussi peu que possible de perte et de souffrances ; supposons un gouvernement qui se montrerait résolu à soumettre en matière de douanes le principe de la réciprocité aux chances raisonnables de succès, et qui, fidèle à sa parole, se mettrait sérieusement à l'œuvre, avec discernement et mesure sans doute, mais avec vigueur et persévérance, qui oserait en théorie l'attaquer sur ce terrain ?

Quel serait le protectionniste assez entêté pour demander plus en propres termes et de propos délibéré ? Quel serait l'utopiste assez emporté pour ne pas se montrer satisfait ?

En tenant un pareil langage, le gouvernement dont il s'agit garderait la position élevée, l'attitude grave et paternelle d'un gouvernement véritable ; il se déclarerait ouvertement le protecteur de tous les intérêts existans, de l'intérêt des consommateurs comme de l'intérêt des producteurs ; il promettrait à ceux-ci justice, égards, ménagement en tout ce que leurs prétentions peuvent avoir de légitime ou simplement d'avouable, les maintenant pour le surplus sous le droit commun, c'est-à-dire sous le régime de la liberté, qu'aucun gouvernement qui se respecte et qui connaît ses devoirs ne doit enfreindre ni restreindre sans un motif réel et suffisant.

En tenant un pareil langage, le gouvernement dont il s'agit ne professerait point expressément le libre-échange ; un gouvernement grave et prudent ne doit jamais s'engager dans les liens d'un système, mais il pratiquerait le libre-échange en tout ce que ce système a d'incontestable et d'incontesté, tout en le soumettant rigoureusement aux exceptions qu'il comporte, de son propre aveu.

En tenant un pareil langage, le gouvernement dont il s'agit élèverait un drapeau derrière lequel viendraient se ranger tous les hommes justes et sensés, tous les hommes éclairés et modérés. Sans porter atteinte à la sécurité du présent d'une part, il réhabiliterait la théorie aux yeux des timides ; d'une autre part, il indiquerait à l'esprit d'entreprise sur quelle nature et sur quelle mesure d'appui il doit compter dans l'avenir.

Tout dépendrait néanmoins du degré d'activité et d'énergie, d'intelligence et de décision avec lequel on procéderait à la classification des diverses industries appelées à recevoir définitivement ou temporairement un certain degré de protection. Tout dépendrait du discernement qui présiderait à cette classification, des données qui lui serviraient de base, des principes qui lui seraient assignés comme point de départ ou de repère.

C'est sur ce sujet que j'ai maintenant dessein d'insister ; mais avant d'en venir là, il ne sera peut-être pas sans utilité de présenter deux ou trois considérations générales, qui dominent toute la question et qui me paraissent avoir été jusqu'ici, ou tout à fait méconnues, ou négligées mal à propos.

1° L'économie politique pure, rationnelle, théorique, est une science ; elle enseigne aux esprits cultivés les lois qui président naturellement à la formation et à la répartition des richesses. L'économie politique appliquée est un art ; elle enseigne aux gouvernemens les règles de conduite qui favorisent la multiplication des richesses, ou préviennent leur destruction, assurent l'abondance et le bon emploi du revenu public. Envisagée sous ce dernier point de vue, l'économie politique n'est qu'une branche de l'art de gouverner, de ce grand art qu'on nomme, par excellence, la politique, et n'en est qu'une branche secondaire. S'il est bon de s'enrichir en effet, ce n'est là, ni pour les individus ni pour les peuples, l'unique but de leur existence ; si la richesse est chose excellente, l'indépendance, l'honneur, la puissance, la ferme résolution de garder dans le monde son rang et son bon renom, de croître sans cesse en civilisation, en lumières, et de remplir ainsi les vues de la

Providence, sont choses meilleures encore. Lors donc qu'il s'agit d'engager les nations dans des voies nouvelles en vue de leur bien-être, lorsqu'il s'agit de les y convier toutes indistinctement, petites ou grandes, toutes, quel que soit leur état actuel, prochain, possible, ce n'est pas à l'économie politique, art ou science, c'est à la politique qu'appartient la haute main et le dernier mot. C'est à la politique qu'il appartient de s'assurer si toutes les nations ont un égal intérêt aux changemens qui se préparent ; s'il n'en est pas telle ou telle qui paierait à ce marché les avantages qu'on lui promet plus qu'ils ne valent, qui perdrait en sécurité, en position sociale, en prépondérance, en liberté d'action plus qu'elle ne gagnerait en aisance, en opulence.

Supposons, pour bien faire comprendre ma pensée, supposons dis-je, ce qui n'est pas probable, j'en conviens, ni prochain certainement, mais ce qui se peut, à la rigueur, que le principe de la libre concurrence, d'état à état, vînt à prévaloir, en même temps ou à peu près, chez toutes les nations civilisées, supposons que l'Europe, disons mieux, que la chrétienté, persistant à demeurerdivisée, comme aujourd'hui, en nations politiquement indépendantes, en vînt néanmoins à former, sous le double rapport de l'industrie et du commerce, cette vaste et libre république que rêvaient les premiers économistes, et que leurs successeurs appellent de tous leurs vœux, qu'arriverait-il ?

Pour le savoir, il ne faut que se rendre compte de ce qui arrive lorsqu'un grand pays, tel, par exemple, qu'était la France avant 1789, un grand pays traversé par plusieurs lignes de douane intérieures, soumis, quant à son industrie, à des règlemens compliqués, abaisse tout à coup toutes les barrières, abolit toutes les restrictions, établit dans son sein la liberté du travail, de l'industrie et du commerce.

Selon les principes les moins contestés de l'économie politique, la conséquence naturelle, inévitable, disons mieux, la conséquence désirable de ce grand changement, c'est une nouvelle distribution du capital et. du travail national, c'est un grand déplacement des forces industrielles et de la population laborieuse.

Le capital et le travail, répartis artificiellement entre des circonscriptions arbitraires, artificiellement parqués dans des localités déterminées, artificiellement appliqués à l'exploitation de terrains relativement improductifs, artificiellement engagés dans des entre-prises relativement infructueuses, désertent ces circonscriptions, ces localités, se retirent en tout ou en partie de ces exploitations, abandonnent plus ou moins ces entreprises et viennent affluer là où les richesses naturelles sont abondantes, où les frais de culture et de fabrication sont peu coûteux, où les transports sont faciles, là, en un mot, où la même quantité de travail et de capital rend 10, 15, 20 pour 100 de plus qu'ailleurs, où les bénéfices, en s'accumulant rapidement, forment de nouveaux capitaux, provoquent à l'existence, entretiennent mieux et à meilleur compte une population nouvelle.

Voilà le bien.

Voilà le but qu'on se propose et qu'on doit se proposer.

Mais point de bien, ici-bas, sans une certaine dose de mal. Le mal, c'est d'abord la destruction du capital fixe engagé dans les exploitations, dans les industries délaissées ; le mai surtout, c'est le dépérissement des localités désertées, la réduction dans la valeur des propriétés rurales et urbaines, la baisse des revenus et des loyers. C'est un mal compensé et fort au delà par le bien, quant à l'ensemble du pays ; mais c'est un mal sans compensation pour la localité qui l'éprouves, du moins pendant un temps infini, jusqu'à cette époque toujours éloignée, et plus ou moins incertaine, où la surabondance du capital et du travail force l'un et l'autre à refluer, faute de mieux, vers leur premier gîte. En un mot, le résultat définitif, c'est d'accroître dans l'enceinte d'un même pays la prospérité des contrées, des territoires favorisés par la nature, au détriment des contrées, des territoires qui ne jouissent pas des mêmes avantages.

Ces propositions sont évidentes.

Ces notions sont élémentaires.

Soit maintenant, au lieu et place du pays dont il s'agit, l'Europe entière, toute la chrétienté ; soient, au lieu et place des provinces entre lesquelles ce pays est partagé, les différens états, les différentes nations indépendantes de l'ancien et du nouveau monde, le résultat sera le même, bien que sur une plus grande échelle ; le résultat sera le même quant à la tendance générale du mouvement économique, et sauf les raisons d'exceptions que nous apprécierons tout à l'heure.

Si nous supposons que ces états conviennent de supprimer les lignes de douane qui les séparent, d'établir entre eux la liberté du commerce, ou la théorie a deux poids et deux mesures, ou le résultat définitif doit être une nouvelle distribution du capital et du travail européen et autre, un grand déplacement des forces industrielles et de la population laborieuse, dans l'ancien et le nouveau monde.

Le capital et le travail, artificiellement répartis entre les états par le cours des événemens, artificiellement parqués dans l'enceinte de chaque état par les lignes de douane et le système prohibitif, artificiellement appliqués ainsi à des territoires relativement improductifs, artificiellement engagés dans des entreprises relativement infructueuses, émigreront, dans l'hypothèse dont il s'agit, des pays peu favorisés par la nature vers ceux qui le seront davantage ; les premiers dépériront, se dépeupleront graduellement ; les derniers croîtront plus ou moins rapidement en richesse, en population, et s'il est vrai, comme le dit Adam Smith, qu'en politique richesse soit l'équivalent de puissance, l'équilibre entre les états en sera plus ou moins altéré ; tel pays qui compte pour beaucoup aujourd'hui verra diminuer son influence, son importance relative ; tel autre deviendra le satellite d'un voisin dont il est maintenant indépendant.

L'humanité y gagnera.

L'ensemble des richesses produites dans le monde civilisé sera plus considérable ; les capitaux dépaysés obtiendront des bénéfices plus élevés ; la condition des populations transplantées sera meilleure, ; mais les avantages attachés à cette révolution économique seront exclusivement recueillis par les pays fertiles et bien situés ; les autres y perdront en richesse, en population, en puissance ; les autres se couvriront de ruines et verront leurs campagnes tomber en friche ; par une nouvelle et rigoureuse application du précepte évangélique : *Il sera donné à ceux qui ont, et à ceux qui n'ont pas on ôtera même ce qu'ils ont.*

Tant s'en faut donc qu'on puisse dire qu'en principe général la liberté du commerce, dans l'état présent de l'Europe, du monde civilisé, soit également utile, également désirable pour tous les peuples indistinctement, et qu'on puisse conseiller à tous les gouvernemens de se lancer à l'envi, dans cette voie, sans regarder aux conséquences.

2° Ce n'est pas ainsi, j'en conviens, que raisonnent les économistes ; ils raisonnent exclusivement dans cette hypothèse, que le déplacement du capital et du travail produit par la suppression des droits protecteurs d'état à état doit s'opérer exclusivement dans l'intérieur de chaque état.

Dans chaque état, disent-ils, les industries qui ne pourront, après l'abolition du régime protecteur, soutenir la concurrence étrangère, tomberont, cela est vrai ; il y aura déperdition du capital fixe et souffrance momentanée, mais le capital circulant et le travail que ces industries employaient seront transférés à d'autres industries également nationales ; ils seront consacrés à produire des équivalons destinés à s'échanger contre les importations nouvelles que le nouvel état dès choses introduira sur le marché national.

Il le faut bien, ajoutent-ils, sans cela ces importations n'auraient pas lieu. D'état à état, comme d'homme à homme, on ne donne rien pour rien. Si la France, par exemple, abolissait demain les droits protecteurs qu'elle impose à la houille anglaise, la houille anglaise pénétrerait sur là marché français ; mais elle n'y pénétrerait qu'à la condition d'y trouver des objets d'échange ; or ces objets d'échange, qui les produirait, sinon les capitalistes et les travailleurs qui déserteraient l'exploitation de nos houillères les moins fécondés et les moins bien placées ?

Tout accroissement d'importation implique un accroissement d'exportation, tout accroissement d'exportation un accroissement de produits exportables, et tout accroissement de produits exportables un nouvel emploi du capital et du travail déplacés.

Quelque spécieux que soit ce raisonnement, quelque accrédité qu'il soit dans la science, je n'hésite point à dire qu'il est fondé sur une méprise.

Si la France abolissait demain les droits protecteurs qu'elle imposé à la houille anglaise, la houille anglaise n'attendrait pas pour pénétrer sur le marché français que le capital et le travail consacrés à l'exploitation de nos houillères les moins fécondes et les moins bien placées s'en fussent retirés, et qu'autrement employés ils eussent produit de nouveaux équivalens. L'invasion du marché français, *pro parte qua*, serait immédiate, et les équivalens seraient trouvés, puisqu'ils existeraient dans les caisses et dans les magasins des consommateurs de houille, qui s'approvisionneraient de houille anglaise au lieu de s'approvisionner de houille française. Les consommateurs français payeraient celle-ci dans la monnaie dont ils auraient payé celle-là ; le résultat définitif serait par conséquent que le travail et le capital déplacés auraient non-seulement à trouver un nouvel emploi, mais à trouver de nouveaux débouchés pour leurs nouveaux produits, et si je voulais appliquer ici cette logique inflexible dont abusent si souvent les économistes, il ne tiendrait qu'à moi de dire que le capital et le travail déplacés émigreraient sur-le-champ en Angleterre où leur nouvel emploi serait tout trouvé, puisque les producteurs de houille anglaise auraient besoin d'étendre leur exploitation pour faire face à l'extension du marché qu'ils auraient à desservir.

Mais sans pousser ainsi jusqu'à l'extrême la rigueur du raisonnement et la symétrie des suppositions, en laissant toute latitude au jeu des événemens, désintérêts, des conjectures, toujours est-il vrai que la réponse des économistes à cette question :

Que faire, en pareil cas, du capital et du travail employés dans les houillères peu fécondes ou mal situées ?

Que cette réponse, dis-je, n'en est pas une, qu'elle ne satisfait, ni pratiquement, ni logiquement, aux exigences du problème, et qu'elle provoque, pour peu qu'on y regarde de près, une réplique sans réplique.

3° On tient également pour maxime, en économie politique, que dans l'hypothèse de l'abolition totale ou partielle des droits protecteurs, le capital et le travail déplacés par la concurrence étrangère reflueraient dans chaque pays, vers les emplois à l'égard desquels chaque pays est privilégié, vers les exploitations, vers le entreprises à l'égard desquelles chaque pays possède des avantages exclusifs ou spéciaux, de telle sorte qu'étant donnée la liberté complète du commerce et de l'industrie, d'état à état, chaque pays consacrerait la totalité de, son capital et de son travail à produire les choses qu'il fait seul, ou qu'il fait mieux et à meilleur compte que tout autre, échangeant le surplus de sa production contre le surplus de la production de ses voisins au grand avantage des uns et des autres.

Que cela puisse arriver quelque jour, je ne dis pas non, mais que

cela puisse arriver sans avoir été précédé par une révolution générale dans la distribution du travail et du capital, entre les pays
tels qu'ils se comportent actuellement ; que cela puisse arriver par
le simple déplacement du capital et du travail national dans l'intérieur de chaque pays, j'estime que c'est une pure utopie, — une utopie fondée comme toutes les utopies sur l'oubli des circonstances
essentielles qui déterminent la réalité, et limitent la possibilité des
choses.

Et d'abord, est-il exact dédire qu'il existe dans chaque pays des
emplois privilégiés de travail et de capital, en d'autres termes, des
terrains qui produisent ce que d'autres ne sauraient produire en
aucun cas, à aucun prix, qui jouissent, à cet égard, d'un véritable
monopole ?

Évidemment non ; il n'y a qu'un petit nombre de pays qui
possèdent de ces terrains d'exception, et dans ces pays-là les
terrains d'exception étant très limités, et d'une exploitation très
profitable, ils sont inévitablement cultivés et très bien cultivés. Y
a-t-il dans les bons crus du Bordelais, de la Champagne et de la
Bourgogne, un pouce de terrain qui soit en friche, un pouce de
terrain qui réclame plus de travail et de capital qu'il n'en absorbe,
un pouce de terrain dont le produit puisse augmenter en quantité,
autrement qu'en perdant en qualité ?

Ce n'est donc pas de ce côté que le travail et le capital déplacés par
l'abolition des droits protecteurs peuvent trouver un refuge. Mais,
sans posséder de ces terrains privilégiés dont les produits n'ont
point de similaires, il est des pays qui peuvent braver, sous certains
points, à l'égard de certains objets, la concurrence étrangère, —
toute concurrence étrangère, et qui peuvent offrir au capital oi-
sif, au travail en chômage, un emploi indéfini, un emploi qui n'a
de imites appréciables que l'étendue des débouchés. L'Angleterre,
par exemple, possède des mines de fer très multipliées, très éten-
dues, très abondantes, et au-dessous ou à proximité de ces mines,
des couches de houille d'une profondeur inconnue ; en outre, la
configuration même de l'Angleterre, sa position insulaire, les voies
le communication de toute mature dont elle est traversée en tout
sens, assurent aux produits de son industrie métallurgique des facilités de transport incomparables. Nul doute que, dans l'hypothèse
le l'abolition universelle du droit protecteur, le capital et le travail

déplacés ne trouvassent de ce côté un emploi certain, immédiat et très étendu, puisqu'en pareil cas l'industrie métallurgique de l'Angleterre supplanterait inévitablement une grande partie de l'industrie métallurgique des autres contrées. Mais ce sont encore là de ces avantages exceptionnels qui n'appartiennent qu'à certains pays, et dans ces pays-là qu'à certaines régions privilégiées. La plupart des pays de l'Europe, et même dans les pays privilégiés, la plupart des provinces, des régions, des localités donnent à peu près les mêmes produits, non sans doute à frais égaux, non en quantité et en qualité précisément égales, mais avec les différences de frais, de quantité, de qualité qui se rapprochent plus où moins, qui s'échelonnent en degrés, qui n'assurent à aucun pays, à aucune région, à aucune localité, une supériorité absolue sur ses voisins, et n'ouvrent, dans aucun genre d'exploitations, d'entreprises, un champ sans limites à l'emploi d'un nouveau travail et d'un nouveau capital.

Cela étant et l'effet direct, l'effet naturel de l'universelle abolition du droit protecteur étant de faire tomber dans chaque pays toutes les exploitations, toutes les entreprises qui ne pourraient soutenir la concurrence étrangère, c'est de nécessité pour les pays relativement pauvres que le coup serait le plus rude ; c'est dans les pays où les élémens de prospérité sont rares et médiocres, — où le territoire pris dans son ensemble est comparativement ingrat, — où les voies de communication sont difficiles à établir, — où la division des industries en une multitude de branches est presque impossible, — que le nouveau régime opérerait le plus de ravages : il n'y aurait que les terrains de première ou tout au plus de seconde qualité, il n'y aurait que les industries d'élite, si l'on ose ainsi parler, que les entreprises favorisées par des positions de choix, qui résisteraient au choc, et comme ils n'y résisteraient qu'à grand'peine, ils ne pourraient guère offrir, par une extension d'activité, un nouvel emploi à la très grande quantité de capital et de travail qui se trouverait déplacée ; c'est là où le mal serait le plus grand qu'il y aurait le moins, de remède.

Dans les pays, au contraire, où les élémens de prospérité sont abondans ou multipliés, où le territoire, pris dans son ensemble, est comparativement fertile, — où tous les points du territoire sont d'un facile accès, par terre et par eau, — où l'industrie se divise naturellement en entreprises très diverses, — dans les pays riches, en un mot, l'abolition des droits protecteurs n'aurait que des effets peu sensibles, il n'y aurait qu'un petit nombre d'exploitations, qu'un petit nombre d'industries qui succomberaient, qu'une petite quantité de travail et de capital en chômage, et le surcroît d'activité que les autres exploitations, que les autres industries acquerraient par l'ouverture de nouveaux débouchés, non-seulement leur permettrait d'employer cet excédant de capital et de travail national, mais les engagerait à demander au dehors une augmentation de bras et de capitaux.

Nous en venons donc toujours et forcément au même point. De deux choses l'une : ou le capital déplacé, dans les pays pauvres, se dissiperait en pure perte, et la population laborieuse s'éteindrait dans la misère ; ou l'un et l'autre émigreraient vers les pays riches. Comment en pourrait-il être autrement ?

Les droits protecteurs sont des digues, des écluses qui maintiennent le capital et le travail dans des canaux artificiels. Comment penser qu'en abattant les digues, en renversant les écluses, l'eau ne reprendra pas son niveau ?

Prétendre que l'abolition des droits protecteurs n'entraînerait, *d'état à état*, aucun changement dans la distribution du travail et du capital, et que le changement n'aurait lieu *que dans les limites de chaque état*, c'est prétendre que, *d'état à état*, elle est ce qu'elle doit être, *malgré les droits protecteurs*, et que, *dans l'intérieur de chaque état*, elle n'est pas ce qu'elle doit être, *malgré la liberté*.

Cela n'est pas soutenable.

4° Reste donc à compter, pour prévenir l'émigration du capital et du travail, dans l'hypothèse où nous raisonnons, sur la répugnance naturelle qu'éprouvent les capitalistes à placer leurs fonds en pays étranger, et sur la répugnance, plus grande encore, qu'éprouvent les classes laborieuses à se transplanter dans d'autres pays.

Cette répugnance est réelle, très réelle.

Il est très vrai que les capitalistes aiment à conserver, sinon la direction, au moins la surveillance de leurs placemens, et qu'ils se résignent, au besoin, pour conserver cet avantage, à des profits moindres que ceux qu'ils obtiendraient en envoyant leurs fonds à l'étranger.

Il est très vrai qu'en général les populations laborieuses tiennent au sol qui les a vues naître, et que, par une foule de raisons qui s'offrent d'elles-mêmes à l'esprit, l'homme, comme le dit Adam Smith, est de toutes les choses la plus difficile à déplacer, et que les ouvriers se contentent souvent d'un salaire moindre que celui qu'ils obtiendraient en changeant de patrie. Il est très vrai qu'en économie politique on tient grand compte de cette répugnance ; qu'on la considère comme un élément qui modifie, plus ou moins, d'état à état, voire même dans l'intérieur de chaque état, pour peu qu'il soit étendu, la loi des échanges, le principe sur lequel repose la valeur respective des objets, savoir la tendance à l'égalité dans les frais de production.

Mais cette répugnance a ses limites.

Elle tend d'ailleurs à diminuer de nos jours, dans une proportion rapide et constante. Les capitaux tendant à devenir cosmopolites^ par cette excellente raison qu'ils trouvent, dans tous les pays civilisés, à peu près la même protection, un degré de sécurité à peu près égal, et que la rapidité des communications électriques, permettant à chaque capitaliste de connaître, à chaque instant, le mouvement des affaires, le taux des valeurs, la fluctuation des prix, il est aujourd'hui plus sûr et plus commode pour un capitaliste français de placer ses fonds à Vienne, à Berlin ou à Londres, qu'il ne l'était, il y a cinquante ans, pour un habitant du centre de la France de placer les siens à Bordeaux ou à Paris.

Les mêmes circonstances tendent à combattre, bien qu'avec moins d'activité et de succès, — parce qu'elles opèrent sur des masses et non sur des individus, parce qu'elles opèrent sur des ignorans et non sur des hommes éclairés, — les mêmes circonstances, disons-nous, tendent à combattre l'aversion des classes laborieuses pour tout déplacement temporaire ou définitif. Plus de différences essentielles dans le genre de vie, les mœurs, les habitudes de tous les pays. Partout un respect à peu près égal pour le travail, sa condition, sa liberté, la propriété de ses produits ; à peu près les mêmes rapports entre les maîtres et les salariés ; facilité toujours croissante à se transporter d'un pays dans un autre ; progrès toujours croissant dans la modicité des frais de transport. La navigation à vapeur a fait merveille en ceci ; l'établissement des chemins de fer fait bien plus encore. Aussi quelle différence entre le temps passé et le temps présent ! Combien n'en a-t-il pas coûté, il y a quarante ans, d'efforts et de sacrifices, à lord Selkirk et aux grands seigneurs écossais, pour faire passer au Canada une partie, une faible partie de la population des Highlands ? Aujourd'hui, c'est volontairement et par centaines que les paysans de la Suisse et des bords du Rhin encombrent au Havre les paquebots transatlantiques, que les Basques se pressent pour fonder une colonie sur les rives de la Plata ; c'est par milliers que les Américains du Nord émigrent en Californie, et les Anglais à la Nouvelle-Hollande ; c'est par centaines de milliers que les paysans irlandais inondent les États-Unis ; et, bien que ces grands mouvemens aient pour cause des circonstances extraordinaires, ils n'en dénotent pas moins dans les classes laborieuses une disposition nouvelle, une disposition qui mérite de fixer sérieusement l'attention des hommes d'état.

Il ne faut donc point se faire illusion. En thèse générale, la tendance de la liberté commerciale est d'accroître la puissance et la richesse des contrées favorisées par la nature, des pays avancés en civilisation, et d'affaiblir au contraire, d'appauvrir plus ou moins les contrées maltraitées par la nature, les pays arriérés en civilisation. Or la conséquence rigoureuse de cette vérité, rigoureusement déduite elle-même des principes les plus avérés de la science, serait d'admettre pour chaque état, en matière de liberté commerciale, une politique particulière, une politique qui se réglerait sur le degré que chaque état occupe dans l'échelle de la civilisation et de la richesse, plus libérale pour celui-ci, pour celui-là plus restrictive ; peut-être même une politique particulière, pourchaque état, à l'égard de chaque autre état, selon leur degré respectif de richesse et de civilisation.

Et qu'on y prenne garde, ce ne serait pas là rentrer par un détour sous le régime protecteur, car il ne s'agirait nullement en cela de protection, prise au sens scientifique, ou, si l'on veut, technique de ce mot ; il ne s'agirait point d'économie politique, mais de pure politique.

Autant il est absurde en effet, autant il est injuste d'imposer, dans un pays, les consommateurs, c'est-à-dire la nation tout entière au profit exclusif de certains producteurs, autant il serait juste, au fond, autant il paraîtrait raisonnable, au premier aspect, d'imposer la nation tout entière au profit d'elle-même, de l'imposer pour le maintien de son indépendance, de sa puissance relative, du rang qu'elle occupe dans le monde. Est-ce donc pour autre chose qu'on lève des armées, qu'on construit à grands frais des places fortes, qu'on entretient des légations ?

N'exagérons rien toutefois.

Parce qu'une telle conduite semblerait conseillée par la raison d'état, parce qu'à tout prendre elle ne serait pas désavouée par la science, il ne s'ensuit pas qu'elle fût toujours, ou même habituellement, habile et sage. A vouloir obstinément se cramponner à ce qui croule, à prétendre lutter exclusivement, par des moyens artificiels, contre le progrès des idées générales et la pente des intérêts privés, non-seulement on s'épuiserait tôt ou tard en vains efforts, mais on méconnaîtrait les vrais moyens de salut.

S'il est constant que même en portant dans certains cas quelque atteinte à la prépondérance de certains états, la liberté commerciale profite à l'humanité, qu'elle accroisse la somme de la richesse et du bien-être dans le monde, la liberté commerciale fera son chemin, et tôt ou tard elle triomphera de tous les obstacles comme la goutte d'eau perce, à la longue, le rocher le plus dur.

S'il est certain qu'en exposant ces états à perdre une portion de leur capital et de leur population laborieuse, la liberté commerciale assure aux capitaux, ainsi dépaysés, des profits plus élevés, aux ouvriers expatriés une condition meilleure, tôt ou tard les uns et les autres s'en aviseront et émigreront de leur propre mouvement ; tôt ou tard il ne sera pas moins impossible de les retenir par des combinaisons de tarifs que par la menace et par la crainte. Pour les états dont il s'agit, le vrai moyen de salut n'est pas de lutter perpétuellement contre la liberté, mais de lutter énergiquement contre la nature. Le vrai moyen de salut, c'est de redoubler d'efforts et de persévérance, d'activité et d'industrie, pour surmonter les difficultés de leur position, pour compenser l'ingratitude de leur sol et de leur climat. De tous les agens qui concourent à la production, le plus puissant, le plus efficace, c'est l'homme lui-même, et c'est aussi celui sur lequel l'homme lui-même a le plus de puissance.

« Les avantages naturels, dit M. Mill,[1] sont trop évidens pour être passés sous silence ; mais l'expérience a démontré que, de même que la fortune ou le rang pour un individu, ces avantages ne sont

---

1 *Principes d'économie politique*, t, I, p. 121.

rien pour les nations, en comparaison de ce qu'il est en leur puissance d'obtenir par leurs capacités. Ni aujourd'hui, ni autrefois, les nations les mieux dotées en climat et en fertilité de sol n'ont été les plus puissantes et les plus riches. Dans les contrées fertiles, la vie humaine est soutenue à si peu de frais que les pauvres éprouvent rarement la souffrance de l'inquiétude du lendemain, et dans ces climats, où l'existence est déjà un plaisir, le luxe qu'ils préfèrent n'est autre chose que le repos... Le succès dans la production, comme toute autre espèce de succès, dépend plus des qualités des agens humains que des circonstances au milieu desquelles ils fonctionnent, et ce sont les difficultés et non les facilités qui entretiennent l'énergie mentale et physique. Le berceau des tribus qui ont envahi et vaincu les autres, et les ont forcées à travailler pour les vainqueurs, a presque toujours été placé au milieu des difficultés. »

« Jetez les yeux sur les zones tempérées, dit M. Thiers,[1] et voyez la petite place que nous occupons sur la surface du globe ; il y a 15 à 16 degrés de latitude, 45 de longitude. Toute l'Europe, — tournez une mappemonde dans vos mains, — toute l'Europe n'est rien par rapport au reste du monde. Eh bien, qu'est-ce que Dieu lui avait donné ? Des chênes, des sapins, des pâturages, à peine des céréales, du bétail fort en taille, médiocre en beauté, et, au contraire, il avait donné à la Chine la soie, à l'Inde le coton, au Thibet les plus belles races de moutons, à l'Arabie le cheval, à l'Amérique les métaux précieux et les bois les plus admirables. En un mot, il avait tout prodigué à ces autres parties du monde, mais en Europe, qu'y avait-il donc de supérieur ? One seule chose : l'homme, l'homme ! Tout était inférieur, en Europe, excepté l'homme, parce que les contrées tempérées sont les plus propres au développement de l'organisation humaine. Dans les pays froids, l'homme s'engourdit ; dans les pays chauds, il s'endort dans la mollesse. Là seulement l'homme pouvait être grand, fier, ambitieux. Aussi est-il allé tout prendre dans ces contrées si bien dotées sous le rapport matériel ; il a pris à la Chine la soie, à l'Inde le coton, au Thibet le mouton, à l'Arabie le cheval, à l'Amérique les métaux, les bois ; avec toutes ces choses, il a paré l'Europe, sa chère patrie, il en a fait le théâtre de la civilisation ; et puis il en est reparti sur des machines puissantes pour aller conquérir et civiliser ces contrées lointaines où il n'était pas né et

---

1 *Discussion sur le régime commercial de la France*, p. 112.

auxquelles il avait tout ravi... »

Or, s'il en est ainsi :

Si les états peu favorisés par la nature, médiocrement avancés en civilisation, sont exposés, par le cours dès événemens, par la force même des choses, à perdre tôt ou tard cette portion de leur capital accumulé et de leur population laborieuse qui peut trouver ailleurs une meilleure fortune, un emploi mieux rétribué ; si le progrès de la liberté commerciale ne fait que précipiter le mom.ent fatal ; si l'unique moyen pour eux de le conjurer, c'est d'imprimer dans leur propre sein au capital une direction plus intelligente, au travail une impulsion plus vigoureuse ; on irait directement contre le but en maintenant indéfiniment l'un et l'autre sous l'abri trompeur et torpide du régime protecteur, père nourricier de l'ignorance, de la paresse et de la routine.

On irait droit au but, au contraire, en abordant de front la difficulté, en acceptant de bonne heure et de bonne grâce un avenir inévitable, en éclairant avec sincérité les intérêts compromis sur leur position, en les soumettant, avec mesure et discernement, sans doute, mais réellement et résolument, à l'aiguillon de la concurrence. Adopter, par conséquent, comme leurs heureux rivaux, adopter, en même temps que leurs heureux rivaux, le principe de la liberté commerciale, sous le bénéfice des exceptions qu'il comporte, dans les limites que la science lui assigne, mais en se réservant d'étendre plus ou moins ces limites, de régler ces exceptions, quant au nombre, à la nature, à la durée, selon l'exigence de leurs circonstances respectives : telle devrait être, à mon avis, la politique ou, si l'on veut, la conduite des états dont il s'agit ; c'est ainsi qu'ils pourraient espérer de regagner d'un côté ce qu'ils seraient exposés à perdre de l'autre, et de compenser par l'activité et l'industrie les torts de la nature et de la fortune ; et c'est à ces conditions seulement qu'on peut considérer le principe de la liberté commerciale comme universellement applicable, comme utile indistinctement à tous les états, — mérite qu'on aurait tort de lui attribuer si l'on négligeait de tenir compte de ses conséquences, dans les cas importans et nombreux que nous venons d'indiquer, et surtout si l'on n'accordait point, dans ces cas, aux exceptions que le principe lui-même admet, un certain degré d'élasticité.

ISBN : 978-1517311018

Victor de Broglie

www.ingramcontent.com/pod-product-compliance
Lightning Source LLC
Chambersburg PA
CBHW072258200526
45168CB00016B/2151